Dekorative Blätter

Dorothee Zepp

Blätter sammeln

Wenn die Blätter fallen und einen bunten Farbenteppich zaubern, dann ist die Zeit zum Blätter sammeln und pressen gekommen. Hier finden Sie ausgefallene Ideen, was man alles mit Blättern und der Blattform zaubern kann. Lassen Sie sich inspirieren und freuen Sie sich an Ihren selbst gestalteten Dingen – nicht nur zur Herbstzeit.

Dekorieren Sie mit Blättern. In diesem Buch finden Sie zauberhafte Wohnraumdekorationen, wundervolle Windlichter und Lichterketten mit Blättern und Blattmotiven, raffinierte Ideen für den Tisch und noch vieles mehr. Lassen Sie sich überraschen und basteln Sie die Sachen in weniger als einer Stunde nach. Viel Spaß!

So wird's gemacht

MATERIALIEN,

die in Ihrem Haushalt vorhanden sein sollten. Diese Materialien sind nicht in den einzelnen Materiallisten aufgeführt.

- Transparentpapier oder Butterbrotpapier
- dünner Karton
- Schere/evtl. Decoupage-Schere
- Papier
- Bleistift/Radiergummi
- Lineal
- Bürolocher/Lochzange
- Uhu Alleskleber/Heißkleber/Sekundenkleber
- Klebefilm
- Pinsel/Borstenpinsel
- Stecknadeln/Nähnadel
- Laminiergerät
- Bügeleisen

VORLAGEN ÜBERTRAGEN

Transparentpapier oder Butterbrotpapier auf die Vorlage legen. Mit einem kleinen Stück Klebefilm fixieren, um das Blatt am Rutschen zu hindern. Nun mit einem Bleistift die Motivvorlage auf Transparentpapier nachzeichnen. Dann das Transparentpapier auf dünnen Karton kleben und daraus die Schablonen ausschneiden. Diese auf den gewünschten Untergrund legen und mit einem Bleistift umfahren. Mal wird der innere, mal der äußere Teil der Schablone gebraucht.

MIT SCHABLONIERFARBE MALEN

Die Schablonen nach Vorlage anfertigen. Anschließend wird die Schablone auf dem Gegenstand, der gestaltet werden soll, mit einem Klebestreifen fixiert. Mit einem

Borstenpinsel wird die Schablonierfarbe aufgetupft. Die Farbe kann deckend oder transparent aufgetragen werden. Gut trocknen lassen, dann die Vorlage vorsichtig abnehmen.

BLÄTTER PRESSEN

Alte Kataloge sind zum Pressen der Blätter besonders gut geeignet. Die Blätter werden zwischen die Katalogseiten gelegt. Am besten vorher die Blätter zwischen zwei Lagen Küchenpapier legen, das saugt die Feuchtigkeit auf. Den bestückten Katalog anschließend mit Büchern beschweren. Die Blätter können nach ca. drei Wochen verarbeitet werden.

BASTELZEIT

Bei der Angabe der Bastelzeit sind die notwendigen Trocknungszeiten für die Modelle und die Zeit für das Pressen der Blätter nicht berücksichtigt.

LAMINIEREN

Die gepressten Blätter, die einlaminiert werden sollen, in die Laminierfolie einlegen. Bitte nur spezielle Laminierfolie in entsprechender Stärke verwenden! Die Folie durch das Laminiergerät durchlassen. Ein Laminiergerät bekommt man mittlerweile schon ab ca. 40 Euro. Mit diesen günstigen Geräten kann jedoch nur sehr dünne Folie laminiert werden.

HINWEIS

Kerzen und Teelichter nie unbeaufsichtigt brennen lassen!

Bunter Blätterkranz

BASTELZEIT
60 Minuten

MATERIAL
- Waldrebenkranz, ø 30 cm
- Effektdraht in Gold, ø 0,22 mm
- Äste mit Blättern und Beeren
- Physalis
- Gartenschere
- evtl. Teller in Silber, ø 35 cm

1. Mit der Gartenschere ca. 8 cm lange Ästchen abschneiden.

2. Mit Effektdraht die Ästchen, Beeren und Physalis am Kranz festbinden. Dafür den Effektdraht eng um den Kranz wickeln.

3. Den Kranz auf einem silbernen Teller dekorieren.

Tipp

Zum Dekorieren eignen sich auch Nüsse aller Art. Befestigen Sie die Nüsse mit Heißkleber am fertig gebundenen Kranz.

Modellierte Blätter

BASTELZEIT
50 Minuten

MATERIAL

- Modelliermasse „Ultra-light“, ca. 100 g
- Cutter mit Schneideunterlage
- gepresste Blätter nach Belieben
- Blumentopf in Weiß, ø 13 cm, 12 cm hoch
- Acrylfarbe in Grün, Gelb, Rot und Orange

Tipp

Wenn Sie die Blätter nicht bemalen, wirkt der Blumentopf durch die reduzierte Gestaltung sehr edel.

1. Die Modelliermasse ca. 2,5 mm dick auswellen. Gepresste Blätter auf die ausgewellte Modelliermasse legen und festdrücken. Dadurch werden die Blattadern sichtbar.

2. Mit dem Cutter um die Blätter herumschneiden und auf den Blumentopf sechs modellierte Blätter auflegen. Gut trocknen lassen. Zur Sicherheit können die Blätter noch mit Sekundenkleber angeklebt werden.

3. Die Blätter mit Acrylfarbe direkt auf dem Blumentopf gemäß der Abbildung bemalen und gut trocknen lassen.

Filigrane Dekokugeln

BASTELZEIT
30 Minuten

MATERIAL
- Styroporkugeln, 2 x ø 10 cm und 1 x ø 8 cm
- skeletierte Willowblätter in Rot, Hell- und Dunkelgrün, 10 cm - 14 cm groß
- Stecknadeln mit silbernem Kopf, 1,8 cm lang
- Rocailles in Apricot und Grün, ø 2,5 mm
- Rocailles in Silber, ø 2,6 mm
- Satinband in Grün, 5 mm breit, 1,2 m lang
- Satinband in Orange, 1,5 cm breit, 60 cm lang
- gepresste Ahornblätter in Rot

1. Die Styroporkugeln mit den Willowblättern und den gepressten Blättern bzw. den Bändern verkleiden und diese mit Stecknadeln feststecken. Bitte an der Abbildung orientieren.

2. Eine große Kugel mit dunkelgrünen Willowblättern, die andere große Kugel mit roten verkleiden. Die kleine Styroporkugel mit hell- und dunkelgrünen Willowblättern verkleiden.

3. Dafür auf die Stecknadeln die grünen, die orangefarbenen bzw. die silbernen Rocailles auffädeln und feststecken.

Tipp

Sie können die Kugeln in einer schönen Schale dekorieren oder auch mit einem Nylonfaden aufhängen.

Ein Vorhang besonderer Art

BASTELZEIT
30 Minuten

MATERIAL

- 4 Laminierfolien, A4
- gepresste Blätter nach Belieben
- 8 Drahtösen, 1 cm x 0,5 cm
- Lochzange

1. Die gepressten Blätter in die Laminierfolie einlegen und laminieren.

2. Die oberen Bogen oben und unten auf der rechten und linken Seite lochen. Die unteren Bogen nur oben lochen.

3. Mit den einzelnen Ösen die Bogen miteinander verbinden. Zum Aufhängen evtl. größere Ösen verwenden.

Tipp

Sie können auch eine Liebesbotschaft in Folie einlaminieren. Die Freude darüber ist sicherlich sehr groß.

Blätter schablonieren

BASTELZEIT
45 Minuten

MATERIAL
- Schablonierfarbe in Hell- und Dunkelgrün
- Tontopf, ø 15 cm, 13 cm hoch
- Cutter mit Schneideunterlage

VORLAGE SEITE 44

1. Aus dünnem Karton die Schablonen nach Vorlage mit dem Cutter ausschneiden.

2. Die Schablonen auf dem Blumentopf mit Klebestreifen fixieren und mit der Schablonierfarbe gemäß der Abbildung austupfen. Dazu einen Borstenpinsel verwenden.

3. Die Schattierungen entstehen durch das Ineinandertupfen von heller und dunkler Schablonierfarbe. In dieser Weise sind sechs Blätter um den Topf herum gestaltet. Sehr gut trocknen lassen.

Tipp

Den Topf können Sie z. B. mit einem Reisigkranz und einer mit Blättern dekorierten Styroporkugel schmücken. Dafür einfach Blätter überlappend auf der Styroporkugel mit Stecknadeln feststecken.

Blätter mal gedruckt

BASTELZEIT
50 Minuten

MATERIAL
- Stoffserviette in Weiß, 40 cm x 40 cm
- Schablonierfarbe in Grün
- Cutter mit Schneideunterlage

VORLAGE SEITE 45

Tipp

Für einen Kindergeburtstag sehen kunterbunte Blätter sehr schön aus. Wenn Sie den Namen jedes Kindes auf die Serviette schreiben, wird sie zu einem kleinen Gastgeschenk.

1. Aus dünnen Kartonresten Schablonen für die kleinen und großen Blätter nach Vorlage mit dem Cutter vorsichtig ausschneiden.

2. Die Schablonen auf die Serviette auflegen und die Formen mit der Schablonierfarbe austupfen. Dafür einen Borstenpinsel verwenden.

3. Die Vorlage sehr vorsichtig abheben und das Ganze ein bis zwei Tage trocknen lassen. Die Serviette vor dem Schablonieren vorwaschen und nach der Trockenzeit durch Bügeln fixieren.

Peppige Glasschale

BASTELZEIT
20 Minuten

MATERIAL
- Glasschale mit nach unten und innen gebogenem, offenem Rand, ø 35 cm
- Äste mit Blättern und Beeren nach Wahl
- runde Kerze in Rot, ø 9 cm

1. In den Rand der Glasschale Blätter und Beeren dekorieren.

2. Dazu z. B. eine Efeuranke zu einem lockeren Ring schlingen und einlegen. Dazwischen rote Beeren stecken.

3. Kerze in die Schale legen und darum ebenfalls Efeu und Beeren dekorieren.

Tipp

Sehr schön sehen auch einzelne bunte Blätter aus.

Das Licht in der Tüte

BASTELZEIT
45 Minuten

MATERIAL
- 3 Butterbrottüten, 10,5 cm breit, 15 cm hoch
- Schablonierfarbe in Rot, Dunkel- und Hellgrün
- Cutter mit Schneideunterlage
- 3 Gläser, ø 7 cm, 6 cm hoch
- 3 Teelichter

VORLAGE
SEITE 44+45

1. Aus dünnem Karton nach Vorlage die Schablonen ausschneiden.

2. Die Schablonen auf die Papiertüten auflegen und sie gemäß der Abbildung mit der Schablonierfarbe austupfen. Borstenpinsel dazu verwenden.

3. Die Vorlagen vorsichtig abheben und die Motive sehr gut trocknen lassen.

Tipp

Das Licht in der Tüte wird zum kleinen Mitbringsel, wenn Sie es noch mit Chiffonbändern dekorieren.

Blätter-Lichterkette

BASTELZEIT
60 Minuten

MATERIAL
- Lichterkette mit 15 Lämpchen
- Regenbogen-Transparentpapier, 3 x A4

VORLAGE SEITE 48

1. Für jedes Lämpchen das Regenbogen-Transparentpapier in der Größe 3,5 cm x 4,5 cm zuschneiden. Um die Lämpchen herum legen und zusammenkleben.

2. Die Blätter nach Vorlage aus Regenbogen-Transparantpapier ausschneiden.

3. Die ausgeschnittenen Blätter an die Transparentpapierröllchen kleben.

Tipp

Dekorieren Sie die Lichterkette in einer Glasschale. So wird sie zu einem besonderen Hingucker.

Blätter-Windlicht

BASTELZEIT
30 Minuten

MATERIAL
- 2 Gläser, ø 7,5 cm, 9 cm hoch
- gepresste Blätter nach Belieben
- Serviette in Weiß
- Serviettenkleber
- 2 Teelichter

1. Eine Lage der weißen Seviette zuschneiden, 9 cm hoch, ca. 25 cm lang.

2. Den Serviettenstreifen mit Serviettenkleber an einer Seite des Glases befestigen.

3. Nun die Blätter nacheinander unter die Serviette legen und mit Kleber bestreichen. Gut trocknen lassen.

Tipp

Wenn Sie bunte Servietten benutzen, erzielen Sie einen auffälligeren Effekt.

Dekoratives Windlicht

BASTELZEIT
20 Minuten

MATERIAL

- Glas, ø 6 cm, 11 cm hoch
- skeletierte Willowbätter in Rot, ca. 10 cm groß
- Spitzahornzweig aus Stoff in Rot (mit 10 Blättern)
- Effektdraht in Gold, ø 0,22 mm
- Kerze in Rot, ø 3,5 cm, 7 cm hoch

1. Rote Willowblätter mit Effektdraht um das Glas wickeln.

2. Spitzahornblätter vom Zweig abschneiden und ebenfalls mit Effektdraht fixieren.

3. Die Kerze ins Glas stellen.

Tipp

Sie können auch Blätter aus Regenbogen-Transparentpapier zuschneiden und diese mit Effektdraht um das Glas wickeln. Benützen Sie dafür einfach eine Form aus den Blätter-Vorlagen, die Ihnen gefällt.

Laterne

BASTELZEIT
20 Minuten

MATERIAL

- Laterne in Weiß, 9 cm x 19 cm x 9 cm
- gepresste Blätter nach Belieben
- Laminierfolie, 2 x A4
- passende Kerze

1. Gepresste Blätter mit einem Laminiergerät einlaminieren.
2. Die einlaminierten Blätter auf die Größe der Gläser zuschneiden.
3. Die zugeschnittenen Teile zwischen Glas und Laterne einschieben.

Tipp

Farbige Effekte kann buntes Transparentpapier bringen. Kleben Sie es mit Doppelklebefolie auf die Glasflächen der Laterne auf.

Raffiniertes Teelicht

BASTELZEIT
60 Minuten

MATERIAL

- Metall-Laterne für Teelichter, 12 cm x 14 cm x 12 cm
- kleine gepresste Blätter nach Belieben
- Laminierfolie, 2 x A4
- Drahtösen, 1 cm x 0,5 cm
- Lochzange
- Teelicht

1. Gepresste Blätter einlaminieren und danach ca. 2,5 cm x 5 cm große Stücke aus der Folie ausschneiden.

2. Mit der Lochzange oben in die Mitte ein kleines Loch in die laminierten Stücke stanzen.

3. Die laminierten Blätter mithilfe der Drahtösen an die Laterne hängen, pro Seite ca. sechs bis zehn Blätter.

Tipp

Benutzen Sie kleine Blätter. Zu große Blätter könnten sonst Feuer fangen.

Tischset und Glasuntersetzer

BASTELZEIT
30 Minuten

MATERIAL

- Laminierfolie, 2 x A4
- gepresste Blätter nach Belieben

VORLAGE SEITE 47

1. Die gepressten Blätter in die Laminierfolie legen und einlaminieren.

2. Es können entweder mehrere Blätter oder ein großes Blatt eingelegt werden.

3. Für den Glasuntersetzer ein größeres Blatt laminieren. Mit einer kleinen Schere, am besten mit einer Decoupage-Schere, das Blatt entlang der Konturen exakt ausschneiden. Um das Blatt einen Rand von ca. 2 mm stehen lassen.

Tipp

Sie können auch ein Blatt aus Papier ausschneiden (siehe Vorlage S. 47), darauf das Menü schreiben, dieses in die Laminierfolie legen und einlaminieren.

Serviettenring aus Filz

BASTELZEIT
30 Minuten

MATERIAL
- Filzreste in Grün
- Faden in Grün

VORLAGE SEITE 46

1. Mithilfe der Vorlage das Blatt aus grünen Filzresten ausschneiden.

2. Für den Ring einen Streifen grünen Filz von 8 cm x 3,5 cm zuschneiden und zusammennähen.

3. Dann das Filzblatt mit ganz kleinen Stichen auf dem Filzring festnähen.

Tipp

**Dekorieren Sie die Serviettenringe mit Hagebutten.
Wenn Sie die Serviettenringe nicht nähen wollen, können Sie auch alles kleben. Verwenden Sie aber nur wenig Klebstoff.**

Lesezeichen

BASTELZEIT
45 Minuten

MATERIAL
- Fotokarton in Orange, 6 cm x 15 cm
- Crinkle-Papier in Orange, 4,5 cm x 14 cm
- Regenbogen-Transparentpapierrest
- Satinband in Blau, 3 mm breit, 20 cm lang
- doppelseitiges Klebeband
- Zackenschere

VORLAGE SEITE 44

1. Fotokarton und Crinkle-Papier mit der Zackenschere zuschneiden. Das Crinkle-Papier auf den Fotokarton kleben.

2. Aus dem Transparentpapier vier Blätter nach Vorlage ausschneiden. Zwei davon auf das Lesezeichen kleben.

3. Die anderen beiden Blätter mit doppelseitigem Klebeband zusammenkleben. Mit der Lochzange ein Loch in das Blatt und eins in das Lesezeichen stanzen. Das Blatt mit dem Satinband am Lesezeichen festknoten.

Tipp

Arbeiten Sie das Lesezeichen in Ihrer Lieblingsfarbe.

Schön verpackt

BASTELZEIT
45 Minuten

MATERIAL

- Transparentpapier in Rot
- Strohseide in Blau
- Prägefolie in Gold und Silber, A4
- Satinband in Blau und Orange, 5 mm breit

VORLAGE SEITE 48

1. Die Blätter aus Prägefolie nach Vorlage ausschneiden.

2. Auf einer Unterlage mit einem Prägestift oder einem leergeschriebenen Kugelschreiber die Blattadern von hinten auf die Blätter zeichnen.

3. Die Päckchen mit Strohseide oder Transparentpapier einwickeln. Anschließend werden die Blätter mit den Satinbändern auf die Päckchen gebunden.

Tipp

Persönlicher wird die Verpackung, wenn Sie auf jedes Blatt aus Prägefolie eine liebevolle Nachricht mit wasserfestem Stift schreiben.

Briefpapier mit Umschlag

BASTELZEIT
30 Minuten

MATERIAL
- Tonpapier in Orange, A4
- Briefumschlag passend zum Tonpapier
- Crinkle-Papier in Orange, A4
- Regenbogen-Transparentpapierrest
- Zackenschere

VORLAGE SEITE 44

1. Aus dem Crinkle-Papier einen Streifen, 29,5 cm x 5 cm, ausschneiden. Mit der Zackenschere an einer langen Seite entlang schneiden. Den Streifen rechtsbündig auf das Tonpapier kleben.

2. Ebenso ein passendes Dreieck mit der Zackenschere zuschneiden und auf die Lasche des Umschlags kleben.

3. Aus dem Regenbogen-Transparentpapier zwei Blätter nach Vorlage zuschneiden und auf den Briefbogen und den Umschlag kleben.

Tipp

Besonders edel wirkt das Briefpapier, wenn Sie weißes Büttenpapier verwenden. Die Blätter dazu in zartem Blau.

Eichenblatt

BASTELZEIT
45 Minuten

MATERIAL

- Fotokarton in Grün, 21 cm x 15 cm
- Transparentpapier in Grün, 20 cm x 15 cm
- Strohseidenrest in Hellgrün
- Crinkle-Papierreste in Dunkelgrün und Grau
- Satinband in Hellgrün, 3 mm breit, 40 cm lang

VORLAGE SEITE 46

1. Fotokarton zur Hälfte falten. Die Vorlage der Blattkontur auf die Vorderseite der Karte übertragen und an der Blattkontur entlang schneiden. Karte dazu aufklappen.

2. Aus den Papierresten die drei Blätter nach Vorlage ausschneiden und aufkleben. Transparentpapier zur Hälfte falten. Die Blattkontur 1 cm nach außen versetzt übertragen und ausschneiden. Das Transparentpapier in die Karte legen.

3. Karte und Transparentpapier mit dem Satinband zusammenbinden.

Blatt für Blatt

BASTELZEIT
30 Minuten

MATERIAL

- Fotokarton in Gelb, 24 cm x 13,5 cm
- Fotokarton in Hellgrün, 24 cm x 3,5 cm
- Motivlocher „Ahornblatt“, mittel
- Chiffonband in Dunkelgrün, Hellgrün und Gelb, 4 cm breit, je 14 cm lang
- Zackenschere

1. Den gelben und grünen Fotokarton zur Hälfte falten.

2. In die vordere Seite des hellgrünen Streifens drei Blätter mit dem Motivlocher stanzen. Diesen Streifen dann auf die gelbe Karte kleben. Die ausgestanzten Blätter auf die Vorderseite der gelben Karte kleben.

3. Die Chiffonbänder nebeneinander auf die Vorderseite der Karte kleben. Die obere und untere Kante mit der Zackenschere abschneiden.

Tipp

Zusätzlich gestanzte Blätter können Sie mit Satinband an der Karte festbinden.

◆ **SEITE 14**

Blätter schablonieren

◆ **SEITE 36**

Lesezeichen

◆ **SEITE 40**

Briefpapier mit Umschlag

◆ **SEITE 20**

Das Licht in der Tüte

◆ **SEITE 17**

Blätter mal gedruckt

◆ **SEITE 20**

Das Licht in der Tüte

◆ SEITE 34

Serviettenring aus Filz

◆ SEITE 42

Eichenblatt

◆ **SEITE 32**

Tischset und Glasuntersetzer

◆ **SEITE 22**

Blätter-Lichterkette

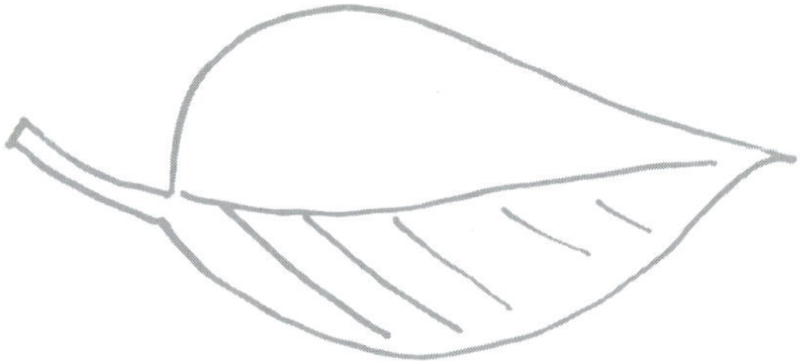

◆ **SEITE 39**

Schön verpackt

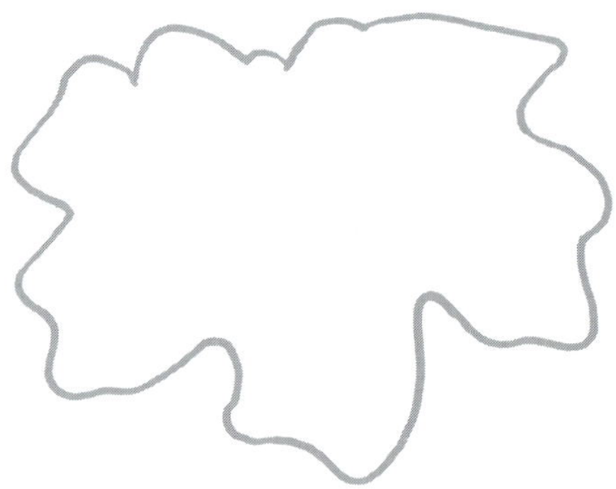

IMPRESSUM

MODELLE: Dorothee Zepp

DESIGN-ENTWICKLUNG: independent Medien-Design, 80538 München
FOTOS: frechverlag GmbH, 70499 Stuttgart; Fotostudio Ullrich & Co., Renningen
DRUCK: frechdruck GmbH, 70499 Stuttgart

Mit freundlicher Unterstützung von Rayher Hobby GmbH in Laupheim

Auflage: 5. 4. 3. 2. 1.
Jahr: 2008 20067 2006 2005 2004 [Letzte Zahlen maßgebend]

ISBN 3-7724-5613-8